AF139111

Peter Carl Simons

Flohsamen –
die Bio-Diät mit Erfolgs-Garantie

Viele Diätmittel schaffen nur kurzfristigen Erfolg. -
Das Naturprodukt „Flohsamen" bietet nachhaltigen
Diät-Erfolg beim Abnehmen und gesund leben!

Bibliografische Information der Deutschen Nationalbibliothek:

Die Deutsche Nationalbibliothek verzeichnet diese Publikation in der Deutschen Nationalbibliografie; detaillierte bibliografische Daten sind im Internet über http://dnb.dnb.de abrufbar.

Herstellung und Verlag: BoD – Books on Demand, Norderstedt

ISBN: 978-3-7392-0630-1

Das Werk inklusive aller Inhalte wurde unter größter Sorgfalt erarbeitet. Dennoch können Druckfehler und Falschinformationen nicht vollständig ausgeschlossen werden. Der Verlag und auch der Autor übernehmen keine Haftung für die Aktualität, Richtigkeit und Vollständigkeit der Inhalte des Buches, ebenso nicht für Druckfehler. Es kann keine juristische Verantwortung sowie Haftung in irgendeiner Form für fehlerhafte Angaben und daraus entstandenen Folgen vom Verlag bzw. Autor übernommen werden. Für die Inhalte von den in diesem Buch abgedruckten Internetseiten sind ausschließlich die Betreiber der jeweiligen Internetseiten verantwortlich.

Inhaltsverzeichnis

Vorwort

In den meisten westlichen Industrienationen sind heute über 50 % der Bevölkerung übergewichtig. Bei einem großen Teil davon ist das Gewicht so hoch, dass über kurz oder lang gesundheitliche Probleme auftreten und die Lebenserwartung reduziert wird.

Wo hunderte Millionen Menschen an einem Problem leiden, ist es nicht erstaunlich, dass viele Firmen diesen Markt für sich erkannt haben. Neben den altbekannten Diätpülverchen werden Wundermittel, verschiedene Therapieformen, Personal Training, Handauflegen oder Magie angeboten. Die meisten davon haben etwas gemeinsam: Sie berechnen Preise, welche wohl eher dem Maß der Verzweiflung der Betroffenen und weniger dem tatsächlichen Wert entsprechen.

Dazu kommt, dass eine große Zahl der Methoden, Mittel und Therapien nur beschränkt erfolgreich ist. Manche haben keine Wirkung, andere wirken genau so lange, wie man sie tagtäglich einsetzt. Kurz nach Absetzen der Diät, Therapie oder Maßnahme ist alles wieder beim Alten – oft sogar noch schlimmer. In manchen Fällen sind sogar die teuer angeschafften Mittel und Geräte selbst (oder Teile davon) für den Körper schädlich oder zumindest nicht unbedenklich.

Wie bereits in früheren Büchern möchte ich auch in diesem eine ganz besondere Pflanze vorstellen, in die ich mich inzwischen regelrecht verliebt habe. Es handelt sich dabei um den Flohsamen oder, genauer gesagt, um die Schale des Flohsamens, einer aus Indien stammenden Pflanze mit dem wissenschaftlichem Namen Plantago ovata, einem Gewächs aus der Wegerich-Familie.

Nach geraumer Zeit des Forschens und Testens kann ich heute sagen, dass diese Pflanze, welche beispielsweise in Deutschland in Bio-Qualität schon für etwa 10 Euro / Kilo angeboten wird (wobei größere Mengen erheblich billiger sind), als Kernbestandteil einer Diät weit wirkungsvoller ist, als es die meisten teuren Produkte der Diät-Branche sind.

In Zusammenarbeit mit Fachleuten und Betroffenen habe ich einen Diät-Ansatz mit dem Flohsamen zusammengestellt, den ich Ihnen gern vorstellen möchte.

Noch eine Diät? Gibt es davon nicht schon genug? – Die Zahl der am Markt befindlichen Diäten ist zweifellos groß und es soll ganze Abteilungen bei gewissen Zeitschriften geben, die sich nur darum kümmern, neue Diäten auszutüfteln, die ihren Lesern präsentiert werden können. Sieht man sich dagegen die Menschen auf der Straße an, so kann man daraus schließen, dass wohl «die Richtige» noch nicht gefunden wurde!?

Die hier vorgestellte Diät – basierend auf Flohsamen-Schalen – ist anders. Es ist kein Wundermittelchen, das mit irgendwelchen pseudowissenschaftlichen Ausdrücken ausgeschmückt wird, sondern ein ganz einfacher, schonender Ansatz, den jeder Leser verstehen kann, um dann selbst zu entscheiden, ob er ihn durchführen will. Aus Erfahrung weiß ich, dass er nachhaltig wirkt.

Ich wünsche Ihnen viel Erfolg!

Ihr Peter Carl Simons

Der Indische Flohsamen

Der Indische Flohsamen (Plantago ovata) gehört zu der Gattung der Wegeriche und wird hauptsächlich in Indien und Pakistan angebaut. Es handelt sich um eine einjährige krautige Pflanze, die nicht verholzt. Sie zählt zu den Heilpflanzen. Neben dem Indischen Flohsamen existiert eine nahe verwandte Pflanze, das Flohsamenkraut (Plantago afra), das in Südeuropa und Asien wächst und sich in der Wirkung kaum unterscheidet. Der üblicherweise angebotene Flohsamen stammt allerdings von der erstgenannten Pflanze.

Im Kontext einer Diät, aber auch einer Darmreinigung, sind hauptsächlich die Flohsamenschalen wichtig. Sie enthalten Ballaststoffe und sind stark schleimbildend; damit wirken sie primär positiv auf Magen und Darm.

Wikipedia.de schreibt über den Flohsamen:

> *Flohsamenschalen sind die Samenschalen der Pflanze Plantago ovata. Sie werden unter dem Namen Indische Flohsamenschalen als Lebens- und Heilmittel vertrieben und zu diesem Zweck hauptsächlich in Indien und Pakistan angebaut.*

Flohsamenschalen werden gelegentlich als pflanzliches Quellmittel oder Stuhlaufweicher bezeichnet und dementsprechend als Darmregulans eingesetzt, wobei sie sowohl bei Verstopfung als auch bei Durchfall helfen können. Die in den Flohsamenschalen enthaltenen pflanzlichen Ballaststoffe, die sogenannten Flosine-Schleimpolysaccharide, sind in der Lage, mehr als das 50-fache an Wasser zu binden (Quellzahl >40), was zu einer Volumenzunahme des Stuhls im Darm führt, durch den entstehenden Druck auf die Darmwand die Peristaltik anregt und schließlich den Darmentleerungsreflex auslöst. Zudem wird dadurch die Motilität des Darms reguliert und die Transitzeit (Verweildauer) aufgenommenen Wassers im Darm verlängert, was auch die Wirksamkeit bei Durchfall erklärt.

Die Europäische Arzneimittelagentur in London hat Flohsamenschalen im Mai 2013 die Sicherheit und Wirksamkeit bei chronischer Verstopfung und als Stuhlaufweicher in Form eines „Community Herbal Monograph" bescheinigt. Eine Me-

taanalyse von klinischen Studien aus dem Zeitraum 1966 bis 2003, die sich traditionellen Therapien der chronischen Obstipation widmete, ergab für Flohsamenschalen einen mittelguten Wirkungsnachweis (moderate evidence).

Flohsamen sollen außerdem das Wachstum darmfreundlicher Bakterien fördern. Durch die Dickdarmbakterien werden die löslichen Ballaststoffe zu kurzkettigen Fettsäuren umgewandelt und diese seien dann in der Lage, die Cholesterin-Synthese in der Leber zu hemmen und somit den Cholesterinspiegel im Blut zu senken. Außerdem sollen die löslichen Ballaststoffe der Flohsamen die fäkale Gallensäure binden, wodurch es zu einer erhöhten Cholesterinausscheidung kommt. Flohsamenschalen sollen möglicherweise entzündliche Prozesse im Magen-Darm-Trakt schneller zurückbilden. Flohsamenschalen werden auf Grund ihrer Quellwirkung im Magen auch zur Unterstützung der Gewichtskontrolle und Adipositasbehandlung eingesetzt. Diese Wirkungen sind bislang nicht aus-

reichend belegt und daher überwie-
gend Gegenstand alternativmedizi-
nischer Anwendungen.

Wichtig: Während der Einnahme der Samen ist es wichtig, ausreichend Wasser zu sich zu nehmen, da es sonst in extremen Fällen zu einem Darmverschluss kommen kann.

Die Wirkungsweise

Wenn man Flohsamen oder Flohsamen-Schalen nun einfach als eine Art «Gleitmittel» sieht, dann tut man dieser interessanten Pflanze unrecht. Vielmehr hat eine Vielzahl wissenschaftlicher Untersuchungen eine große Zahl weiterer positiver Wirkungen auf die menschliche Gesundheit festgestellt.

Das Metabolische Syndrom

Wikipedia.de schreibt zum Metabolischen Syndrom:

Das metabolische Syndrom, manchmal auch als tödliches Quartett, Reaven-Syndrom oder Syndrom X bezeichnet, wird heute, neben dem Rauchen, als der entscheidende Risikofaktor für Erkrankungen der arteriellen Gefäße, insbesondere der koronaren Herzkrankheit angesehen. Es ist charakterisiert durch folgende vier Faktoren:

- *abdominelle Fettleibigkeit,*

- *Bluthochdruck,*

- *durch Hypertriglyzeridämie und erniedrigtes HDL-Cholesterin gekennzeichnete Fettstoffwechselstörung und*

- *erhöhte Glukosekonzentration im Blut oder Insulinresistenz, die eine Hauptursache für manifesten Typ-2 Diabetes mellitus (sogenannter Altersdiabetes) ist.*

Die Erkrankung entwickelt sich aus einem Lebensstil, der durch permanente Überernährung und Bewegungsmangel gekennzeichnet ist, und betrifft die in Industriestaaten lebende Bevölkerung.

Die Definition des metabolischen Syndroms wurde in den letzten Jahren wiederholt geändert. Eine allgemein akzeptierte Definition gibt es bislang nicht. Die Klassifikation orientiert sich zumeist entweder an der Insulinresistenz (Insulinresistenzsyndrom, WHO-Klassifikation

1999) oder klinischen Parametern (NCEP-ATP-III). Einen weltweit gültigen ICD-10-Code gibt es nicht, in Deutschland erlaubt der DIMDI-Thesaurus die Erfassung mit dem Code E.88.9 „Stoffwechselstörung, nicht näher bezeichnet". Da aber gemäß der Deutschen Kodierrichtlinie (DKR) D004d kein spezifischer Kode innerhalb des ICD-10-Kataloges vorhanden ist, sind die einzelnen Manifestationen innerhalb des G-DRG-Systems zu verschlüsseln.

Die Behandlung zielt primär auf die Behandlung des Übergewichts ab. Unabhängig davon ist eine medikamentöse Behandlung von Bluthochdruck, Zucker- und Fettstoffwechselstörung meist notwendig.

Bereits im November 2012 veröffentlichte das Fachmagazin Obesity Reviews eine australische Studie, die aufgezeigt hat, dass der Flohsamen positive Auswirkungen auf die Erkrankungen des Metabolischen Syndroms hat. Vielseitige Einsatzmöglichkeiten wurden aufgezeigt. Da Menschen, die unter dieser Krankheit leiden, eine Vielzahl von Medikamenten einnehmen, welche teils erhebliche Nebenwirkungen aufweisen, ist es in jedem Fall sinnvoll, die positiven Auswirkungen des Flohsamens im Rahmen der Therapie zu prüfen.

Erhöhte Blutzuckerwerte

Zum Thema Blutzucker schreibt Wikipedia.de:

Unter Blutzucker versteht man im Allgemeinen die Höhe des Glucoseanteils (Glucosespiegel) im Blut. Glucose ist ein wichtiger Energielieferant des Körpers. Das Gehirn, die roten Blutkörperchen und das Nierenmark sind zur Energiegewinnung auf Glucose angewiesen, alle anderen Körperzellen gewinnen die Energie vorrangig im Fettstoffwechsel. Glucose ist in der Lage, die Blut-Hirn-Schranke zu überwinden und versorgt so das Gehirn.

In der Medizin ist der Blutzuckerwert ein wichtiger Messwert. Ist er dauerhaft erhöht, kann ein Diabetes mellitus vorliegen.

Eine Unterzuckerung kann die Hirnleistung vermindern, Krampfanfälle, eine vermehrte Adrenalinausschüttung und zittrige Hände sowie Schweißausbrüche verursachen. In ausgeprägter Form führt die Unterzuckerung zum Schock. Sie findet sich typischerweise beim sehr seltenen Insulinom, in einigen Fällen aber auch als Frühsymptom eines Typ-2-Diabetes, selten auch ohne weitere Erkrankungen nach einer Mahlzeit mit schnell resorbierbaren Kohlenhydraten. In der Behandlung des Diabetes mellitus ist sie eine häufige Komplikation einiger Medikamente.

Flohsamen sorgt dafür, dass Zucker langsamer aus dem Darm aufgenommen wird und nicht so schnell ins Blut gelangt.

Dadurch wird der Blutzuckerspiegel gesenkt und die Insulinantwort verbessert. Die Bauchspeicheldrüse wird entlastet, die nun weniger Insulin ausschütten muss, um den Blutzuckerspiegel im Normbereich zu halten.

Die Wirkung von Flohsamen kann dazu führen, dass der Insulinbedarf von Menschen, die unter Diabetes leiden, sinkt. Eine Abstimmung mit dem Arzt Ihres Vertrauens ist in jedem Fall angeraten.

Erhöhte Blutfette

Sowohl Cholesterin[1] wie auch Triglyceride[2] sind lebenswichtig für unseren Körper. Während das Cholesterin für den Aufbau der Zellen grundlegend ist, sind Triglyceride ein unverzichtbarer Energiespender unseres Körpers. Ist von beiden allerdings zu viel vorhanden, kann es zu Ablagerung an den Gefäßinnenwänden kommen und es kommt zu Herz-Kreislauf-Erkrankungen.

Flohsamen trägt dazu bei, die Blutfettwerte zu senken, indem Cholesterin und Triglyceride an die Schleimstoffe gebunden und mit dem Stuhl ausgeschieden werden.

---

[1] Wikipedia.de: Cholesterin ist ein lebenswichtiges Sterol und ein wichtiger Bestandteil der Plasmamembran. Es erhöht die Stabilität der Membran und trägt gemeinsam mit Proteinen dazu bei, Signalstoffe in die Zellmembran einzuschleusen und wieder hinauszubefördern. Der menschliche Körper enthält etwa 140 g Cholesterin, über 95 % des Cholesterins befindet sich innerhalb der Zellen und Zellmembranen. Um die Zellen mit Cholesterin, welches lipophil (fettlöslich), jedoch hydrophob (in Wasser unlöslich) ist, über das Blut versorgen zu können, wird es für den Transport an Lipoproteine gebunden.

[2] Wikipedia.de: Im medizinischen Bereich werden bei der Erstellung einer Blutanalyse die Triglyceridwerte im Blut gemessen. Erhöhte Werte (über 150 mg pro dl bzw. 1,7 mmol pro l) weisen auf eine Fettstoffwechselstörung (Hypertriglyceridämie) oder Übergewicht hin. Auch bei anderen Erkrankungen wie Hypothyreose oder Nierenerkrankungen sind diese Werte erhöht. Erhöhte Triglyceridwerte stellen ein Risiko dar, da sie die Bildung von Thrombosen oder eine Arteriosklerose der Blutgefäße fördern können, insbesondere wenn sie mit einem erhöhten Cholesterinspiegel einhergehen.

Dies bedeutet auch eine reduzierte Aufnahme von Kalorien.

Bluthochdruck

Oft geht ein gestörter Fettstoffwechsel mit einem zu hohen Blutdruck einher. Die Forschung hat gezeigt, dass Flohsamen nicht nur die Blutfettwerte signifikant senkt, sondern auch den Blutdruck korrigiert.

Übergewicht

Flohsamen hat aus mehreren Gründen eine sehr positive Auswirkung auf Übergewicht. Drei Effekte sind hier besonders erwähnenswert:

- Erhöht das Sättigungsgefühl
- Verbessert das Ausscheiden von Fetten und Kohlenhydraten
- Reduziert Heißhungerattacken

Sättigungsgefühl erhöhen

Flohsamen haben ein hohes Quellvermögen. Man spricht von einem Quellwert von 11 bis 15, bei Flohsamenschalen sogar über 40. Das bedeutet, dass ein Gramm Flohsamen bis zu 15 g Flüssigkeit binden kann, ein Gramm Flohsamenschalen sogar über 40 g. Damit wird (wenn die Flohsamen mit ausreichend Flüssigkeit eingenommen werden) schnell ein Sättigungsgefühl ausgelöst, welches dazu führt, dass weniger kalorienreiche Nahrungsmittel gegessen werden. Zudem werden die Flohsamen (-Schalen) nur sehr langsam verdaut und halten entsprechend lange vor. Es empfielt sich entsprechend etwa ½ Std. vor dem Essen einen Löffel mit Flohsamen in reichlich Flüssigkeit aufgelöst zu sich zu nehmen.

Verdauung von Fetten und Kohlenhydraten

Wie bereits in einem früheren Kapitel dargestellt bindet der Schleim, den die Flohsamen beim Kontakt mit ausreichend Wasser bilden, Fette und Kohlenhydrate, welche entsprechend nicht mehr für den Stoffwechsel zur Verfügung stehen, sondern direkt ausgeschieden werden. Es werden weniger Kalorien aufgenommen.

Heißhungerattacken

Viele Diäten werden durch Heisshungerattacken sabotiert. Heißhungerattacken haben zwei Hauptgründe. Der eine sind Mangelerscheinungen. Der Körper stellt fest, dass er zu wenig von einem Vitamin, Spurenelement oder Mineral hat und «schreit» nach mehr. Dies tut er so lange bis der entsprechende Pegel wieder erreicht ist. Da die meisten Menschen ihren Körper nicht genug kennen, um zu wissen, was dieser braucht, wird meist wahllos das Falsche in sich hineingestopft. Es scheint kein Halten mehr zu geben. Eine gute Versorgung mit allen Spurenelementen, Vitaminen und Mineralstoffen wirkt hier oft Wunder.

Ein weiterer Hauptgrund für Heißhunger ist ein rapide sinkender Blutzucker. Mit seinem positiven Einfluss auf den Blutzuckerspiegel reduziert eine regelmäßige Einnahme von Flohsamen mit ausreichend Wasser dieses Problem nachhaltig.

Darmreinigung

Ein gesunder Darm ist die Voraussetzung für die Gesundheit, oder anders ausgedrückt: Die meisten Erkrankungen haben einen Zusammenhang mit dem Darm. Der Darm wird von vielen Menschen aus Schamgefühlen kaum beachtet. Der Darm ist schmutzig, stinkt, pupst manchmal und eignet sich definitiv nicht als Thema auf einer Party.

Wer sich aber die Mühe macht und nachliest, welche gesundheitlichen Themen von Forschern in Zusammenhang mit dem Darm gebracht werden, wird hellhörig und kommt womöglich wie ich zum Schluss, dass es Sinn macht, sich einmal genauer mit dem Darm und der Darmreinigung auseinanderzusetzen. Frank Schmidt schreibt in seinem Buch «hCG-Darmreinigung»[3] zu Recht:

> Das Darmgehirn, wissenschaftlich »enterisches Nervensystem« genannt, durchzieht den ganzen Bauchraum. Es umfasst etwa hundert Millionen Nervenzellen und damit etwa das Fünffache des Rückenmarks. Dieses eigenständige Nervensystem befindet sich als dünne Schicht zwischen den Muskeln des Verdauungsapparates. Das Darmgehirn steuert die Verdauung und kann autonom arbeiten. Allerdings steht es in Wechselwirkung mit dem Gesamtorganismus. An-

---

[3] Schmidt, Frank: Die hcg Darmreinigung: Ihre Grundlage für doppelten Erfolg in der Stoffwechselkur. - Warum eine Stoffwechselkur nach fachlicher Darmreinigung viel erfolgreicher ist

*ders gesagt: Was in unserem Darm
geschieht, hat einen weit größeren
Einfluss auf unseren ganzen Körper
und unser Wohlbefinden, als wir
vermuten würden.*

Folgende Themenkreise werden von Wissenschaftlern
heute im Kontext von Darmproblemen gesehen:

- Verstopfung, Durchfall, Blähungen
- Verschiedene Allergien und
  Unverträglichkeiten, Autoimmunerkrankungen
- Energiemangel
- Rheuma und Gelenkbeschwerden
- Pilzinfektionen
- Cholesterinspiegel, Herz-Kreislauf-Probleme
- Reduzierte Abwehrkräfte gegen Erkältungen,
  Angina, Bronchitis etc.
- Depressionen, Stimmungsschwankungen
- Wechseljahres-Beschwerden
- Probleme mit Haut und Bindegewebe,
  Augenringe, unreine Haut, Probleme mit dem
  Haar
- Verschiedene Zahnerkrankungen

Flohsamenschalen und Flohsamenschalenpulver dienen
im Rahmen einer Darmreinigung zur Lockerung von
Ablagerungen und zur Ausscheidung von Giftstoffen

und Stoffwechselabfallprodukten. Damit beugen sie einer Selbstvergiftung durch im Darm faulende Stoffe weitgehend vor.

Samen oder Schalen?

Im Handel werden Flohsamen und Flohsamen-Schalen angeboten. Welche sind nun besser?

Grundsätzlich haben beide Formen ihre Berechtigung. Für die Flohsamen-Schalen spricht, dass diese einen erheblich höheren Quellindex aufweisen, was zum einen dazu führt, dass sie gerade im Kontext einer Diät schneller zu einem Völlegefühl führen und auch eine höhere Wirksamkeit (da mehr Schleimbildung im Verhältnis zum Gewicht) haben. Andererseits gibt es auch Menschen, die besonders in Bezug auf die Darmreinigung ganze Flohsamen bevorzugen.

In der Tat sind beide Einnahmeformen sozusagen austauschbar, wobei der Bedarf von ganzen Flohsamen zum Erreichen derselben Wirkung wie bei Flohsamen-Schalen etwa bei der dreifachen Menge liegen dürfte.

Genauso zu unterscheiden sind verschiedene Mahlgrade. Je feiner die Flohsamen gemahlen sind, umso grösser wird die Oberfläche und damit auch die Wirkung.

In beiden Darreichungsformen ist darauf zu achten, dass die meisten Anbieter eine Reinheit von etwa 95-98% anbieten. Dies bedeutet, dass 2-5% Fremdstoffe enthalten sein können. Darunter gibt es auch immer wieder etwas Sand. Es empfiehlt sich also nicht auf den Flohsamen herumzukauen. Ansonsten sind die Fremdstoffe im Allgemeinen unbedenklich und für ein Naturprodukt normal. Wichtig ist aber auch in diesem Kontext, dass Sie ausschliesslich Flohsamen und Flohsamenschalen in Bio-Qualität nutzen.

Alternativen zu Flohsamen?

Sieht man Flohsamen als reine Ballaststoffe, so werden dem einen oder anderen Alternativprodukte wie Kleie in den Sinn kommen, welche seit Generationen verwendet werden. Tatsächlich existieren mehrere Naturstoffe, welche als Ballaststoffe zur Anregung der Verdauung verwendet werden.

Ein Hauptgrund, weshalb Flohsamen vorzuziehen ist, ist seine sehr günstige Energiebilanz.   100 g Flohsamen haben nur gerade 21 Kalorien wohingegen Weizenkleie über 300 Kalorien pro 100 g aufweist. Das sind fast 15-mal so viel. Kleie besteht zu etwa 40 % aus Kohlenhydraten, was gerade im Zusammenhang einer Diät sehr problematisch ist, wohingegen der Anteil bei Flohsamen bei weniger als 2 % liegt.

Die Flohsamen – Diät

Die «Flohsamen-Diät» sollte man nicht als Alternative zu irgendwelchen Diäten wie hcg-Diät, Paleo-Diät, Ketogener Diät, DASH-Diät, Dr. Atkins-Diät oder Weight Watchers sehen. Nicht, dass die Flohsamen-Diät weniger wirkungsvoll wäre. Vielmehr handelt es sich dabei um eine «Diät», welche grundsätzlich nicht auf eine bestimmte Phase des Lebens beschränkt zu sein braucht, sondern quasi lebenslang zur Verbesserung des Wohlbefindens eingesetzt werden kann und andererseits auch quasi jede andere Diät problemlos ergänzen kann.

Ich kann mir schon vorstellen, dass diese Zeilen erschrecken. Eine Diät, die lebenslang genommen werden kann – vielleicht sogar muss? Kommt da eine leichte Panik auf? – Das muss nicht sein. Es ist tatsächlich so, dass die «Flohsamen-Diät» so sanft ist, dass sie kaum einen negativen Einfluss auf die Lebensgestaltung hat und entsprechend mehr oder weniger strikt – je nach Ziel – problemlos im Leben mitlaufen kann. Andererseits kann man sie jederzeit auch absetzen, ohne gleich in die Jo-Jo-Falle zu tappen. Tatsache ist, dass die meisten Menschen, die sie einsetzen, sie gar nicht mehr absetzen wollen, weil sie festgestellt haben, dass sie kaum Aufwand bedeutet und das körperliche Wohlbefinden erheblich steigert.

Die Flohsamen-Diät besteht aus vier Elementen, welche jeder basierend auf seinen eigenen Zielen in dem für ihn sinnvollen Maß kombinieren kann. Die Elemente sind:

- Flohsamen-Schalen (oder Flohsamen)
- Ernährungsanpassung
- Vitalstoffversorgung
- Bewegung

Lassen Sie uns die einzelnen Elemente genauer betrachten:

Flohsamen-Schalen (oder Flohsamen)

Die Gründe für den Einsatz von Flohsamen-Schalen wurden bereits dargestellt. Optimal ist es, eine halbe Stunde vor jeder Hauptmahlzeit die Flohsamen-Schalen in einem Schüttelbecher mit min. 2-3 dl Wasser oder Saft zu vermengen und nach etwa 2-3 Minuten den ganzen Inhalt des Schüttelbechers auszutrinken.

Die Forschung hat herausgefunden, dass es bei vielen Menschen etwa 20 Minuten dauert, bis das Völlegefühl vom Magen im Kopf angekommen ist. Wird nun schon eine halbe Stunde vor dem Essen der Magen mit den Flohsamen-Schalen teilweise gefüllt, so wird tendenziell weniger auf den Teller gelegt. Die Flohsamen werden zusätzlich dazu führen, dass weniger Fette und Kohlenhydrate vom Körper aufgenommen werden.

Ernährungsanpassung

Wer abnehmen will, ist einer einfachen Gleichung unterworfen, die auch unserer Alltagserfahrung entspricht. Wer abnehmen will, muss entweder mehr Kalorien verbrauchen oder aber er führt dem Körper weniger Kalorien zu. Idealerweise sollten beide Aspekte genutzt werden.

1. Zunächst geht es darum, dem Körper weniger Brennstoff zu liefern. Aus diesem Grund sollten Sie auf alle Sättigungsbeilagen mit viel Kohlenhydraten wie Brot, Teigwaren, Reis, Kartoffeln sowie auf alle Formen von Süßigkeiten verzichten. Allein diese Aktion wird sich positiv auf Ihr Gewicht auswirken. Der Körper baut nur dann Fett ab, wenn ihm keine Kohlenhydrate zur Verfügung stehen. Diese sind viel einfacher nutzbare Brennstoffe und werden vom Körper entsprechend immer zuerst angegangen. Außerdem werden Kohlenhydrate, welche aktuell nicht genutzt werden, vom Körper eingelagert.

2. Als zweite Maßnahme sollten Sie so weit wie möglich auf Fett verzichten: fettes Fleisch, fetten Fisch (Lachs, Makrelen...) und natürlich auch Sahne, Butter, Öl etc. sollten so wenig wie möglich eingesetzt werden. Jede Form von Fett und Öl sind Brennstoff pur, der vom Körper für

schlechte Zeiten eingelagert wird, soweit er nicht gleich benutzt werden kann.

3. Nehmen Sie Nahrungsmittel zu sich, welche den Stoffwechsel anregen. Einen Auszug von Nahrungsmitteln hat Dan Hild in seinen Büchern beschrieben[4]. Ich selbst setzte hier am liebsten auf eine Kombination aus «grünem Kaffee», wie ich ihn in meinem Buch «Grüner Kaffee - die Garantie zum Abnehmen?: Die große Lüge vom grünen Kaffee-Extrakt und wie Sie mit grünem Kaffee gesund und schnell abnehmen.» beschrieben habe. Daneben setze ich frisch gepresste Zitrone und Chili und Ingwer beim Würzen von Mahlzeiten ein. Es gibt hier aber eine Vielzahl von interessanten, natürlichen Möglichkeiten, wie man den Körper dazu bringen kann, möglichst viel Kalorien zu verbrennen.

Daneben ist es natürlich grundsätzlich sinnvoll, die Kalorienmenge zu reduzieren. Ein erwachsener Mensch verbraucht im Allgemeinen etwa 1500-2000 Kalorien am Tag. Wenn Sie Gewicht verlieren wollen, reduzieren Sie

---

[4]   Hild, Dan: Der Stoffwechselkur-Turbo: Nachhaltige, gesunde Optimierung und Beschleunigung für eine Stoffwechselkur und viele andere Diäten und Abnehmen ohne Sport und Diät: Werden Sie schlank, ohne sich mit Sport und Diäten zu quälen? Zwölf einfache Schritte zum Traumgewicht

die Kalorienzufuhr. Durch das Füllen des Magens mit aufgequollenem Flohsamen werden Sie weniger Appetit haben. Versuchen Sie das bewusst wahrzunehmen und entsprechend Portionen zu reduzieren.

Verzichten Sie auf jede Form von «Essen zwischen den Mahlzeiten». Nach jeder Mahlzeit sollten mindestens vier Stunden ohne weitere Nahrungszufuhr erfolgen, damit der Verdauungsprozess richtig und gesund erfolgen kann.

Achtung Glutamat

Ein industrieller Dickmacher besonderer Güte ist Glutamat, das in verschiedenen Fertiggerichten aber auch industriellen Würzmitteln enthalten ist. Dies hat den Hintergrund, dass Glutamat nachweislich appetitanregend ist und dazu führt, dass der Konsument (weit) mehr isst, als es für ihn gut ist. Es empfiehlt sich auf alle Produkte mit Glutamat-Beimengung komplett zu verzichten.

Vitalstoffversorgung

Eine ausreichende Versorgung mit Vitalstoffen, also Vitaminen, Spurenelementen, Mineralien und Sekundären Pflanzenstoffen ist ausschlaggebend für jede Gewichtsreduktion. Dies hat zwei Gründe, welche eng zusammenhängen.

Heißhungerattacken

Der Körper benötigt eine Vielzahl von Bau- und Betriebsstoffen. Fehlt dem Körper eines davon, dann äußert sich das oft in Heißhunger-Attacken. Diese sind manchmal unspezifisch, teilweise beziehen sie sich aber auch auf etwas Spezifisches. Allen Heißhunger-Attacken scheint gemeinsam, dass sie unser Hirn und bewusstes, gezieltes Handeln weitgehend ausschalten. Damit stehen sie im Widerspruch zu jeder Diät-Anstrengung. Tatsächlich ist diese «Notschaltung» absolut verständlich. Wenn der Körper wahrnimmt, dass ihm ein Stoff zum korrekten Funktionieren fehlt, ist es durchaus sinnvoll, dass er dies äußert und es ist eher ein Zeichen unserer Entfernung von den wahren Bedürfnissen unseres Körpers, dass wir diese nicht mehr wirklich verstehen und dem Körper nicht geben, was er zum einwandfreien Funktionieren braucht. Eine solide Grundversorgung ist nicht nur in Bezug auf die Sicherstellung eines Diäterfolges wichtig. Anhaltende Mangelerscheinungen können auch zu erheblichen gesundheitlichen Schäden führen.

Ein paar Arten von Heißhunger seien hier exemplarisch dargestellt:

Magnesium

Hat jemand ein heftiges Verlangen nach Schokolade, kann dies auf einen Mangel an Magnesium hindeuten. Kakao, die Basis von Schokolade, ist äußerst reich an Magnesium.

Daher kann es sein, dass unser Körper gar nicht die Schokolade an sich möchte, sondern nur das Magnesium im Kakao braucht. Wenn man weiß, dass Fachleute davon sprechen, dass etwa 2/3 aller Menschen in unserem Kulturkreis unter erheblichem Magnesium-Mangel leiden, so macht es durchaus Sinn, den eigenen Magnesium-Pegel zu testen. Selbst konservative Fachleute raten heute durchaus zu 300-500 mg Magnesium-Einnahme zusätzlich zu den in den Lebensmitteln enthaltenen Anteilen.

Omega 3

Heißhunger-Attacken basieren oft auch auf einer gedrückten Stimmungslage. Umgangssprachlich spricht man davon, sich mit dem Essen zu trösten. Tatsächlich ist es so, dass Depressionen und Stimmungsschwankungen oft zu Heißhunger-Attacken führen.

In vielen Fällen lassen sich Depressionen, aber auch Stimmungsschwankungen beispielsweise in Folge von PMS durch eine ausreichende Versorgung mit Omega-3-Fettsäuren behandeln. Dies ergibt einen zweifachen Nutzen: Zum einen verbessert sich die Stimmung und andererseits wird weniger gegessen.

Blutzuckerschwankungen

Blutzuckerschwankungen führen oft zu Heißhunger-Attacken, meist gepaart mit einem Heißhunger auf Kohlenhydrate. Dies ist doppelt fatal, da gerade ein zu hoher Verbrauch an Kohlenhydraten jede Diät torpediert. Wo die bereits genannten Flohsamen (-Schalen) nicht ausreichend helfen, kann zusätzlich mit Chrom-Präparaten unterstützt werden.

Allgemeine Vitalstoffversorgung

Unser Körper braucht hunderte von Stoffen, um korrekt zu funktionieren. Manche davon in größeren, manche in kleineren Mengen. Jeder davon spielt eine wichtige Rolle und bei manchen davon ist uns noch nicht einmal klar, welche Funktion er hat. Dies ist besonders deshalb der Fall, weil es zu einfach gedacht wäre, einzelne Vitalstoffe getrennt zu beachten. So ist längst bekannt, dass Vitamin D wichtig für die Verwertung von Omega-3-

Fettsäuren sind. Viele andere Wechselwirkungen und Abhängigkeiten werden zurzeit erforscht. Inzwischen hat sich erwiesen, dass die Unterversorgung von einigen Vitalstoffen auch eine wichtige Ursache für Übergewicht ist. Wo die Vitalstoffversorgung nicht vollständig durch die Nahrungsaufnahme gedeckt werden kann, empfiehlt sich die Einnahme hochwertiger, aus natürlichen Bestandteilen[5] in Bioqualität extrahierter Vitamine, Spurenelemente, Mineralien etc.

Bewegung

Die meisten Übergewichtigen haben ein eher distanziertes Verhältnis zu jeder Form von Bewegung und wer einem erheblich übergewichtigen Menschen vorschlägt, täglich «nur» eine halbe Stunde joggen zu gehen, wird wohl kaum auf offene Ohren stossen.

Tatsache ist, dass jede Form von Bewegung Energie verbraucht. Jede Kalorie, die so zusätzlich verbrannt wird, ist ein weiterer Mini-Erfolg. Tatsächlich empfehle ich ein- bis zweimal täglich eine halbe Stunde Bewegung in dem Maß, wie es der betreffenden Person möglich ist. Wer sich gar nicht bewegt hat, für den ist eine halbe Stunde tägliches Spazierengehen an der frischen Luft

---

[5] Es wurde längst nachgewiesen, dass der Körper etliche künstlich konstruierte Vitalstoffe nicht nutzen kann und entsprechend ausscheidet.

schon ein Fortschritt … Wichtig ist, einfach anzufangen und sich dann allmählich zu steigern.

Ein weiterer wichtiger Aspekt von Sport ist, dass jede Bewegung dem Aufbau von Muskelmasse dient (oder der Verhinderung dessen Abbaus). Muskelgewebe hat aber den großen Vorteil, selbst in Ruhe Kalorien zu verbrennen. Vereinfacht könnte man sagen, dass Sportler mit viel Muskelmasse sogar im Schlaf mehr Kalorien verbrennen als Menschen ohne entsprechende Muskeln. Es lohnt sich also, etwas Aufwand in den Aufbau zu investieren, selbst wenn dies nur beim Spazierengehen geschieht und entsprechend weniger Einfluss hat als bei größerem sportlichen Einsatz.

Die Flohsamen-Diät und andere Diäten

Die Flohsamen-Diät kann problemlos mit anderen Diäten kombiniert werden. Alle ihre Dimensionen (Flohsamen, Ernährungsanpassung, Vitalstoffe, Bewegung) lassen sich beliebig mit den meisten anderen sinnvollen Diäten kombinieren und sie kann die andere Diät entsprechend unterstützen.

Im Alltag

Wie bereits geschrieben gibt es viele Menschen, die die «Flohsamen-Diät» weit über die eigentliche Diätphase hinaus machen. Dies hat zwei Gründe. Zum einen sind die vier genannten Dimensionen sehr flexibel und auch für den Alltag sinnvoll, sie werden dann einfach leicht umformuliert:

- Flohsamen (-Schalen) vor den Mahlzeiten
- Angepasste Ernährung
- Versorgung des Körpers mit Vital- und Betriebsstoffen wie er es braucht
- ½ Std. am Tag Bewegung in dem Maß, wie es der Körper braucht und mag

Der Grund, weshalb viele Menschen, die Diät als Bestandteil ihres Lebens einsetzen, ist genauso klar und einfach: eine gute Verdauung und regelmäßiger Stuhlgang, ein besseres Immunsystem und Wohlbefinden.

Ich freue mich, wenn ich Sie mit diesem Buch etwas neugierig gemacht habe und Sie die «Flohsamen-Diät» selbst ausprobieren wollen. Sie ist einfach, kostengünstig und lässt sich problemlos in den Tagesablauf einplanen.

Viel Erfolg damit!

Ihr Peter Carl Simons